Bis zum letzten Krümel

Köstliche Rezepte mit Brot

Camille Antoine
Fotos von Nathalie Carnet

Jan Thorbecke Verlag

Inhalt

SÜSSE REZEPTE

HERZHAFTE REZEPTE

Hier das Grundrezept für *Pain perdu*, wie unsere „Armen Ritter“ in Frankreich genannt werden: Man kann dazu jede beliebige Brotsorte verwenden.

Arme Ritter im Zuckermantel mit Erdbeerpüree

VORBEREITUNG: 10 MIN.

ZUBEREITUNG: 5 MIN.

FÜR 4 PERSONEN

> 2 Eier
> 300 ml Milch
> 1 EL Kirschwasser
> 4 bis 6 etwas dickere Scheiben Toastbrot oder altbackenes Graubrot
> 10 bis 15 Erdbeeren
> 50 g Puderzucker (40 g + 10 g)
> Saft v. ½ Zitrone
> 30 g Butter
> 1 EL Pflanzenöl
> 110 g Kristallzucker
> 1 Handvoll gehobelte Mandeln

Die Eier in einen großen, tiefen Teller aufschlagen. Milch und Kirschwasser hinzugeben und mit der Gabel verquirlen. Die Brotscheiben einzeln in die Eier-Milch-Mischung legen und von jeder Seite gut eine Minute einweichen.

Für das Erdbeerpüree die Erdbeeren waschen und entstielen. Zusammen mit 40 g Puderzucker und dem Zitronensaft im Mixer pürieren.

In einer Pfanne die Butter und das Pflanzenöl erhitzen und die Brotscheiben hineinlegen. Bei schwacher Hitze 2 oder 3 Minuten auf jeder Seite goldbraun rösten.

Den Kristallzucker in einen flachen Teller geben und die gerösteten Brotscheiben noch heiß von beiden Seiten gründlich darin wenden.

Die Brotscheiben einzeln auf Desserttellern mit etwas Erdbeerpüree anrichten. Den restlichen Puderzucker und die Mandelblätter darüberstreuen und noch warm servieren.

Die Kombination von Schokolade und Birnen ist ein Gaumenschmaus! Das Kakaopulver kann man auch durch 25 g Zimt ersetzen – lecker …

Brioche-Schokoauflauf mit Birnen

VORBEREITUNG: 15 MIN.

BACKZEIT: 20 MIN.

FÜR 4 PERSONEN

> 4 reife Birnen
> 50 g + 1 EL Kakaopulver
> 70 g Mehl
> 1 TL Trockenhefe
> 120 g Butter
> 2 Eier
> 110 g + 1 EL Rohrohrzucker
> 1 EL Vanilleextrakt
> 1 EL Portwein
> 4 Scheiben Toast Brioche

Backofen auf 180 °C vorheizen. Birnen waschen und schälen. Das Kernhaus entfernen. Anschließend in nicht zu schmale Spalten schneiden.

In einer Rührschüssel mit dem Mixer 50 g Kakaopulver, das Mehl, die Hefe, die Butter und die Eier, 110 g Rohrzucker sowie den Vanilleextrakt vermengen.

Die Birnenspalten in eine feuerfeste Auflaufform schichten, den Portwein darüber gießen und einen Löffel Rohrzucker darüberstreuen.

Die Scheiben Brioche darüberlegen. Zu diesem Zweck können diese in Streifen geschnitten werden, um sie in Form und Größe der Auflaufform soweit anzupassen, dass die Birnen gut bedeckt sind.

Anschließend die Schokoladenmischung darübergießen und den Auflauf 20 Minuten im Ofen backen.

Den Auflauf aus dem Ofen nehmen und mit einem Esslöffel Kakaopulver bestäuben. Noch warm genießen.

Dieses Rezept erlangt seine Raffinesse durch die Gewürzmischung *Quatre-Épices* oder „Viergewürz“ aus weißem Pfeffer, Ingwerpulver, Muskat und Gewürznelken.

Arme Ritter „Quatre-Épices“ mit karamellisierten Äpfeln

VORBEREITUNG: 20 MIN.

ZUBEREITUNG: 15 MIN.

FÜR 4 PERSONEN

> 4 Scheiben altbackenes Toastbrot oder süßes Weißbrot
> 2 große Eier
> 1 Päckchen Vanillezucker
> 200 ml Milch
> 1 Prise Gewürz Quatre-Épices (ersatzweise Piment)
> 3 Äpfel (z.B. Golden Delicious)
> 50 g Butter (25 g + 25 g)
> 100 g Rohrohrzucker
> 200 ml Englische Creme (s. S. 64)

Die Brotscheiben im Toaster leicht anrösten.

Eier in einen tiefen Teller aufschlagen und mit dem Vanillezucker, der Milch sowie der Prise *Quatre-Épices* gründlich verquirlen.

Die Äpfel schälen, entkernen und vierteln. In einer Pfanne die Hälfte der Butter bei mittlerer Hitze schmelzen. Äpfel und Zucker dazugeben und gut 10 Minuten karamellisieren. Anschließend auf einem Teller vorhalten.

Die Brotscheiben in der Eier-Milch-Mischung eine Minute auf jeder Seite einweichen. Sind diese gut getränkt, die restliche Butter in eine Pfanne geben und die Scheiben auf jeder Seite 2 Minuten braten.

Anschließend jede Scheibe auf einem Dessertteller mit jeweils vier karamellisierten Apfelspalten und einer kleinen Portion Englischer Creme anrichten. Noch warm servieren.

Dies ist mein Lieblingsrezept, sehr altmodisch und absolut köstlich! Sie können dunkle Schokolade verwenden, doch bringt Milchschokolade den Geschmack der Kindheit zurück.

Panettone-Schnitten mit Schokoladensoße

VORBEREITUNG: 15 MIN.

ZUBEREITUNG: 10 MIN.

FÜR 4 PERSONEN

> 300 ml + 100 ml Milch
> 1 EL Vanilleextrakt
> 100 g Kristallzucker
> 2 Eier
> 1 Päckchen Vanillezucker
> 40 g Butter
> 4 dickere Scheiben Panettone
> 200 g Milchschokolade

300 ml Milch in einem Topf erhitzen und den reinen Vanilleextrakt mit 40 g Kristallzucker einrühren.

In einem tiefen Teller die Eier aufschlagen und mit dem Vanillezucker verquirlen.

Die Hälfte der Butter in einer Pfanne zerlassen. Die Panettonescheiben in die Milch, dann in die Eiermischung mit Vanillezucker und anschließend in die Pfanne legen. 2 Minuten von jeder Seite goldbraun rösten.

In einem Topf 100 ml Milch erhitzen und die in Stücke geschnittene Schokolade dazugeben. Mit dem Schneebesen durchrühren, bis eine eher dünnflüssige Creme entstanden ist.

Den restlichen Zucker auf einen Teller streuen. Die Panettonescheiben darin wenden, auf Dessertteller anrichten und die Schokoladensoße darangießen. Sofort servieren.

Englische Creme, Maronenschaum und kandierte Orangenschale geben diesem Dessert aus Rührkuchen einen unvergleichlichen Schmelz. Ein schneller Nachtisch, der Eindruck macht!

Gebackene Rührkuchen-Schnitten mit Maronenschaum und kandierter Orangenschale

VORBEREITUNG: 15 MIN.

KÜHLZEIT: 30 MIN.

ZUBEREITUNG: 30 MIN.

FÜR 4 PERSONEN

- > 150 ml Milch
- > 1 EL Vanilleextrakt
- > 100 g Kristallzucker
- > 2 Eier
- > 1 Päckchen Vanillezucker
- > 30 g Butter (15 g + 15 g)
- > 8 Kuchenscheiben (Typ: Englischer Kuchen, Königskuchen)
- > 6 EL Crème fraîche (mind. 30 %)
- > 3 EL Maronencreme
- > 30 g kandierte Orangenschale
- > 200 ml Englische Creme (s. S. 64)

Die Grillfunktion bei Backofen einstellen und vorheizen.

Die Milch in einem Topf erhitzen. Zucker und reinen Vanilleextrakt einrühren.

Die Eier in einen tiefen Teller aufschlagen und mit dem Vanillezucker verquirlen.

Die Hälfte der Butter in einer Pfanne schmelzen. Die Kuchenscheiben durch die Milch und anschließend durch die Eiermasse ziehen. In die Pfanne geben und 2 Minuten von jeder Seite goldbraun rösten.

Die Crème fraîche mit dem Handrührgerät gut durchrühren. Die Maronencreme und die klein gewürfelte kandierte Orangenschale unterziehen. Anschließend 30 Minuten kaltstellen.

Vor dem Servieren je zwei geröstete Kuchenscheiben auf kleine feuerfeste Formen verteilen und rundherum etwas Englische Creme angießen. 3 Minuten unter den Grill schieben. Nach dem Herausnehmen die Schnitten jeweils mit einem Löffel Maronenschaum und kandierten Orangenschalen verzieren und sofort servieren.

Ein schnelles Rezept für ein delikates kleines sommerliches Dessert mit pürierten frischen Früchten.

Englischer Pudding mit Waldbeeren

VORBEREITUNG: 10 MIN.

KÜHLZEIT: 12 STD.

ZUBEREITUNG: 5 MIN.

FÜR 4 PERSONEN

> 200 g frische oder tiefgefrorene Himbeeren
> 200 g frische oder tiefgefrorene Heidelbeeren
> Zesten einer ½ Zitrone
> 80 g Kristallzucker
> 16 Scheiben altbackenen Englischen Toast (ohne Rinde)
> 30 g Puderzucker
> 4 EL Crème fraîche (min. 30 %)
> 4–5 kleine Charlotte-Formen

Für das Püree aus roten Früchten Himbeeren und Heidelbeeren in einer Schüssel mit den Zitronenzesten und dem Zucker mischen, dann gründlich pürieren. Die Soße sollte möglichst dünnflüssig und saftig werden.

Mit einem Ausstecher 16 Kreisformen aus Toastbrot in der Größe der Charlotte-Backformen ausstechen. Im Toaster das Brot leicht anrösten.

Den Boden jeder Form mit einem runden Stück Backpapier auslegen, damit das Dessert beim Stürzen nicht anhängt und zerbricht.

Die Brotscheiben nacheinander im roten Fruchtpüree wenden. Anschließend in jedes Förmchen abwechselnd eine Brotscheibe und einige Esslöffel Fruchtpüree geben, bis die Zutaten aufgebraucht sind. Mit einer Brotscheibe abschließen und ein weiteres rundes Stück Backpapier darüberlegen. Die Backformen mit Folie abdecken.

Die Formen in den Kühlschrank stellen, jeweils eine Untertasse darüberlegen und beschweren. 12 Stunden ruhen lassen.

Die Folie abnehmen und die Desserts auf entsprechende Teller stürzen, mit Puderzucker bestäuben und mit einem Löffel Crème fraîche servieren.

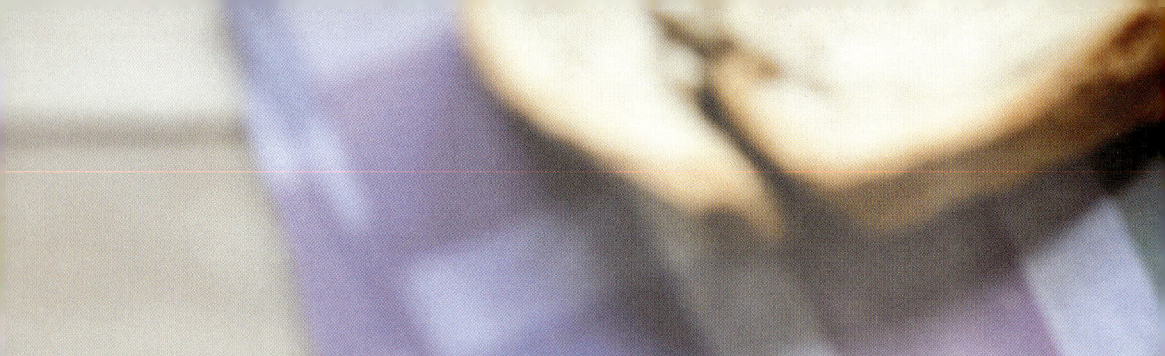

Zu diesem Rezept passen am besten reife, süße Pflaumen. Sollte die Lust auf diesen Nachtisch außerhalb der Pflaumenzeit zu groß werden, können Sie auf tiefgefrorene Zwetschgen zurückgreifen.

Arme Ritter mit Pflaumenkompott und Mascarponeschaum

VORBEREITUNG: 10 MIN.

ZUBEREITUNG: 25 MIN.

FÜR 4 PERSONEN

> 2 Eier
> 200 ml + 1 EL Milch
> 80 g Rohrohrzucker (30 g + 30 g + 20 g)
> 1 Päckchen Vanillezucker
> 4 große Scheiben von altbackenem Hefebrot oder Graubrot
> 400 g Pflaumen oder Zwetschgen
> 60 g Butter
> 1 EL Pflanzenöl
> 4 EL Mascarpone
> 1 EL Puderzucker

Eier in einen tiefen Teller aufschlagen. 200 ml Milch dazugeben und mit der Gabel verquirlen. 30 g Zucker und den Vanillezucker einrühren. Die Brotscheiben in die Eier-Milch-Mischung geben und von jeder Seite 1 Minute einweichen.

Die Pflaumen halbieren und entsteinen. In einem Topf 30 g Butter zerlassen, die Pflaumen und 30 g Zucker dazugeben. Die Pflaumen 25 Minuten leicht köcheln lassen, bis ein Kompott entsteht.

In einer Pfanne die restliche Butter zusammen mit dem Pflanzenöl erhitzen und die eingeweichten Brotscheiben bei schwacher Hitze 2 Minuten von jeder Seite goldbraun rösten.

Den Mascarpone zusammen mit einem Esslöffel Milch und dem Puderzucker mit der Gabel schaumig schlagen.

Den restlichen Zucker in einen zweiten tiefen Teller geben und die gerösteten Brotscheiben darin wenden. Danach die gezuckerten Brotscheiben auf Dessertteller verteilen. Jeweils mit einem Esslöffel Kompott und einem Esslöffel Mascarponeschaum garnieren. Sofort servieren.

Tiramisu ist eins der beliebtesten Desserts. Aber haben Sie es schon einmal mit Brioche probiert? Eine Delikatesse! Probieren Sie auch Tiramisu mit Panettone!

Tiramisu mit süßem Weißbrot

VORBEREITUNG: 20 MIN.

ZUBEREITUNG: 5 MIN.

KÜHLZEIT: 4 STD.

FÜR 4 PERSONEN

> 3 Eier
> 80 g Kristallzucker
> 300 g Mascarpone
> geriebene Schale einer unbehandelten Zitrone
> 1 Prise feines Salz
> 6 Scheiben Toastbrot oder Brioche (süßes Hefeweißbrot)
> 300 ml kalter Kaffee
> 4 EL Kakaopulver, stark entölt

Eier trennen und das Eigelb mit dem Zucker in einer Schüssel verrühren, bis sich der Zucker aufgelöst hat. Den Mascarpone unterziehen und weiter schlagen. Die abgeriebene Zitronenschale unterheben.

Das Eiweiß mit der Prise Salz zu festem Schnee schlagen und unter die Mascarponecreme heben.

Die Brotscheiben mit dem kalten Kaffee tränken und eine Auflaufform damit auslegen. Die Mascarponecreme darüber glattstreichen. Anschließend das Tiramisu 3 bis 4 Stunden im Kühlschrank kaltstellen.

Das Tiramisu vor dem Servieren mit dem Schokoladenpulver bestäuben.

Dieses Rezept gelingt auch mit Rosinenbrot oder Hefezopf, wie man ihn in der Bäckerei kaufen kann.

Gebackene Ananas-Schnitten mit Vanilleeis und Granatapfelkernen

VORBEREITUNG: 15 MIN.

ZUBEREITUNG: 10 MIN.

FÜR 4 PERSONEN

> 300 ml Milch
> 1 EL Vanilleextrakt
> 100 g Kristallzucker
> 2 Eier
> 1 Päckchen Vanillezucker
> 50 g Butter
> 4 Scheiben Aprikosenbrot
> 1 Ananas der Queen-Gruppe (Sorte Victoria)
> 1 Granatapfel
> 50 g Vollrohrzucker
> 4 Kugeln Vanilleeis

Die Milch in einer Kasserolle erhitzen. Den reinen Vanilleextrakt und 40 g Zucker einrühren. In einem tiefen Teller die Eier mit dem Vanillezucker verquirlen.

Die Hälfte der Butter in einer Pfanne zerlassen. Die Aprikosenbrotscheiben zuerst in der Milch, dann in der Eiermischung wenden und in die Pfanne legen. 2 Minuten auf jeder Seite goldbraun rösten.

Ananas in nicht zu dicke Scheiben schneiden. Den Granatapfel aufbrechen und die Kerne auslösen.

Die restliche Butter in einer zweiten Pfanne schmelzen und die Ananasscheiben mit dem Vollrohrzucker hineingeben. 5 bis 8 Minuten von beiden Seiten leicht karamellisieren.

Den restlichen Kristallzucker auf einen Teller geben. Die gerösteten Brotscheiben im Zucker wenden und auf Dessertteller verteilen. Die Ananasscheiben darauflegen und mit Granatapfelkernen bestreuen. Mit je einer Kugel Vanilleeis krönen und sofort servieren.

Dies ist ein raffiniertes und köstliches Rezept für die Verwertung nicht mehr ganz frischer Croissants.

Im Ofen gebackener Croissant-Pudding

VORBEREITUNG: 20 MIN.
ZUBEREITUNG: 25 MIN.

FÜR 4 PERSONEN

> 4 Croissants vom Vortag oder älter
> 1 EL Wasser
> 100 g Rohrohrzucker
> 120 ml Schlagsahne oder Crème double
> 100 ml Milch
> 1 EL Grand Marnier
> 2 Eier

Den Backofen auf 190 °C (Thermostat 6-7, Gasstufe 3–4) vorheizen. Die Croissants in eine feuerfeste Form bröckeln.

Wasser in eine Kasserolle gießen, den Zucker dazugeben und auf schwacher Flamme erhitzen. Sobald eine braune, karamellartige Masse entstanden ist, sofort von der Kochstelle nehmen.

Die süße Sahne solange kräftig in die Karamellmasse einrühren, bis sich keine Luftblasen mehr bilden, und die Creme glatt und geschmeidig wird. Die Milch angießen und alles erneut gut durchrühren. Anschließend mit Grand Manier abschmecken.

Die Eier in eine kleine Schüssel aufschlagen und verquirlen. Mit dem Schneebesen unter die Karamellmischung schlagen.

Die Karamell-Eier-Mischung über die Croissantbrösel gießen. Sie sollten möglichst vollständig bedeckt sein.

20 Minuten im Ofen überbacken. Sofort servieren.

Dieses Gericht schmeckt besonders mit dem Greyerzer Doppelrahm (Double crème de la Gruyère) aus der Schweiz, der allerdings in Deutschland kaum angeboten wird. In Deutschland gibt es Crème double in großen Supermärkten, sonst kommt Mascarpone dem Geschmack am nächsten.

In Salzbutter gebratenes Landbrot mit ganzen Körnern

VORBEREITUNG: 10 MIN.

ZUBEREITUNG: 6 BIS 8 MIN.

FÜR 4 PERSONEN

> 2 Eier
> 300 ml Milch
> 1 EL Vanilleextrakt
> 1 Päckchen Vanillezucker
> 3 Prisen Zimt
> 30 g Kürbiskerne, Sonnenblumenkerne, Leinsamen, Pinienkerne
> 4 dicke Scheiben altbackenes Körnerbrot
> 40 g Salzbutter
> 3 EL Vollrohrzucker
> 4 EL Crème fraîche (mind. 30 % Fett), Crème double oder Mascarpone

Eier in einen großen, tiefen Teller aufschlagen. Milch, reinen Vanilleextrakt, Vanillezucker und Zimt dazugeben. Mit der Gabel verquirlen und die Getreidekörner einstreuen.

Jede Brotscheibe in die Eier-Milch-Mischung geben und auf jeder Seite 1 Minute einweichen.

Die Butter in einer Pfanne zerlassen. Die getränkten Brotscheiben hineinlegen. Bei schwacher Hitze 3 oder 4 Minuten von jeder Seite goldbraun rösten.

Den Vollrohrzucker auf einen Teller geben. Die gerösteten Brotscheiben darin gründlich von allen Seiten panieren.

Jede Scheibe auf einem Dessertteller anrichten und mit einem Löffel Crème fraîche (oder Mascarpone) krönen. Die Crème fraîche schmilzt ganz sachte. Daher gleich genießen!

Hier ein Rezept zur Verwertung nicht mehr ganz frischer Brioche in einer wunderbaren Zwischenmahlzeit! Die Kinder werden es lieben!

Brioche-Ofenschlupfer mit Aprikosen

VORBEREITUNG: 20 MIN.

ZUBEREITUNG: 20 MIN.

FÜR 6 BIS 8 PERSONEN

> 3 Eier
> 50 g Kristallzucker
> 100 ml Milch
> 200 ml süße Sahne
> 1 EL Cointreau
> 1 EL Vanilleextrakt
> 13 dünne Scheiben Brioche (oder süßes Hefeweißbrot) vom Vortag
> 40 g Butter
> 10 frische oder getrocknete Aprikosen (nach Jahreszeit)
> 1 EL Mandelblätter

Den Backofen auf 180 °C vorheizen. Eine Kastenform mit Backpapier auslegen.

Eier und Zucker in einer Schüssel mit dem Schneebesen (oder Handrührgerät) schaumig schlagen. Die Milch und die Sahne nacheinander in kleinen Mengen dazugeben. Anschließend den Cointreau und den reinen Vanilleextrakt einrühren. Die Briochescheiben von jeder Seite 1 Minute in der Mischung einweichen.

Die Butter in einer Pfanne zerlassen und die getränkten Scheiben Brioche von jeder Seite 1 oder 2 Minuten goldbraun rösten.

Die Aprikosen in Scheiben schneiden. Die Brioche aufrecht hintereinander abwechselnd mit den Aprikosenscheiben in die Kastenform schichten. Die restliche Eiercreme darübergießen und mit Mandelblättern bestreuen. 15 Minuten im Ofen backen. Lauwarm servieren.

Reste von Schokocroissants sind ein Problem. Wer kann sich schon dazu durchringen, sie einfach zu entsorgen? Dieses delikate Rezept ist die Lösung!

Überbackene Schokocroissants mit Krokant und Schokotropfen

VORBEREITUNG: 5 MIN.

ZUBEREITUNG: 20 BIS 25 MIN.

FÜR 4 PERSONEN

> 4 Schokocroissants vom Vortag oder älter
> 1 Vanilleschote
> 1 l Milch
> 6 Eigelb
> 120 g Kristallzucker
> 50 g Schokotropfen
> 30 g Krokant (s. S. 64)

Den Backofen auf 180 °C vorheizen. Die Schokocroissants zerbröckeln und in eine feuerfeste Form geben.

Die Vanilleschote der Länge nach aufschneiden und das Mark herausschaben. In einem Stieltopf die Milch mit dem Vanillemark und der Schote einmal aufkochen, dann abkühlen lassen.

Die Eigelbe mit dem Zucker in einer Schüssel schaumig rühren. Die heiße Milch (ohne Vanilleschote) unter ständigem Rühren dazugeben und die Mischung mit dem Schneebesen 3 Minuten lang aufschlagen.

Die Mischung in einen zweiten Topf geben und auf mittlerer Flamme mit einem Holzlöffel weiterrühren, bis sie eindickt. Von der Kochstelle nehmen, sobald die Creme den Kochlöffelrücken überzieht. Die Creme über die Schokocroissantstücke geben, die Schokotropfen und den Krokant darüber streuen.

15 bis 20 Minuten im Ofen backen. Noch warm servieren.

Oje! Die Löffelbiskuits für eine Charlotte sind ausgegangen ... Keine Sorge! Es gibt einen ebenso preiswerten wie köstlichen Ersatz!

Charlotte mit Äpfeln, Toastbrot und Vanille

VORBEREITUNG: 25 MIN.

ZUBEREITUNG: 55 MIN.

FÜR 6 PERSONEN

> 10 Äpfel
> 80 g mild gesalzene Butter (50 g + 30 g)
> 2 Päckchen Vanillezucker (1 + 1)
> 1 Prise Zimt
> 10 Scheiben altbackenes Toastbrot ohne Rinde
> 1 Vanilleschote
> 300 ml Milch
> 2 Eier
> 50 g Zucker
> 3 EL Calvados

Den Backofen auf 180 °C vorheizen. Äpfel schälen und in nicht zu dünne Spalten schneiden. In einer Pfanne 50 g Butter zerlassen und die Apfelspalten mit einem Päckchen Vanillezucker und Zimt darin weichdünsten und leicht bräunen.

Die Toastscheiben halbieren und mit der restlichen Butter in der Pfanne 2 Minuten von jeder Seite anrösten.

Die Vanilleschote der Länge nach halbieren. Die Milch mit der Vanilleschote und dem zweite Päckchen Vanillezucker aufkochen. Die Eier und den Zucker mit dem Handrührgerät schaumig rühren. Unter ständigem Rühren die heiße Milch nach und nach angießen.

Die Toaststreifen mit Calvados anfeuchten. Eine runde Charlottenform mit Backpapier auskleiden und den Boden mit Brotstreifen auslegen. Die Form lagenweise abwechselnd mit Äpfeln und geröstetem Brot auffüllen. Mit einer Apfellage abschließen. Die Eier-Milch-Mischung darübergießen.
45 Minuten im Ofen backen. Die Charlotte lauwarm oder kalt servieren.

Entdecken Sie ein Dessert, das nach Kindheit schmeckt. Es verbindet die weiche Konsistenz gerösteter Brotschnitten mit dem Aroma flambierter Bananen. Mit großen Ausstechern lässt sich das Brot für ein festliches Mahl in Form bringen.

Arme Ritter mit Kokos und Bananen

VORBEREITUNG: 5 MIN.

ZUBEREITUNG: 10 MIN.

FÜR 4 PERSONEN

- > 2 Eier
- > 3 EL Milch
- > 200 ml Kokosmilch
- > 110 g Rohrohrzucker (55 g + 55 g)
- > 4 bis 6 dickere Scheiben altbackenes süßes Hefeweißbrot oder helles Landbrot
- > 4 Bananen
- > 60 g Butter (30 g +30g)
- > 1 EL Pflanzenöl
- > 30 g Kokosraspeln + 10 g zum Verzieren
- > 50 g Puderzucker

Die Eier in einen tiefen Teller aufschlagen. Milch und Kokosmilch dazugeben. Mit der Gabel verquirlen. Die Hälfte des Zuckers hinzufügen und erneut kräftig durchmischen.

Die Brotscheiben nacheinander in die Eier-Milch-Mischung legen und 1 Minute von jeder Seite einweichen.

Die Bananen schälen und der Länge nach halbieren.

Die Hälfte der Butter in einer Pfanne schmelzen. Bananen und den restlichen Rohrzucker hineingeben. Die Bananen bei schwacher Hitze ungefähr 4 Minuten von allen Seiten karamellisieren.

In einer zweiten Pfanne die restliche Butter mit dem Pflanzenöl erhitzen. Die eingeweichten Brotscheiben darin bei schwacher Hitze 2 Minuten von jeder Seite goldbraun rösten.

Die Kokosraspel in einen tiefen Teller geben und die goldbraun gerösteten Schnitten darin wenden. Darauf achten, dass die Scheiben rundherum mit Kokosraspeln überzogen sind.

Je eine Brotscheibe auf einem Dessertteller anrichten und zwei halbe Bananen darüber legen. Mit Puderzucker und Kokosraspeln garnieren. Sofort servieren.

Ein kinderleichtes, sommerliches Rezept mit Aprikosen oder Nektarinen. Der Agavensirup verleiht diesem Dessert die besondere Note.

Arme Ritter mit Pfirsichen und Mascarponecreme

VORBEREITUNG: 10 MIN.

ZUBEREITUNG: 10 MIN.

FÜR 4 PERSONEN

- 120 ml süße Sahne
- 2 Eier
- 150 ml Milch
- 80 g Rohrohrzucker
- 4 fingerdicke altbackene Scheiben süßes Weißbrot
- 2 Pfirsiche
- 4 EL Agavensirup
- 30 g Butter
- 100 g Puderzucker
- 100 g Mascarpone

Die süße Sahne zusammen mit den Rührbesen des Handmixers in das Gefrierfach stellen.

Die Eier in einen großen, tiefen Teller aufschlagen. Die Milch zugießen und mit der Gabel verquirlen. 40 g Zucker einrieseln lassen und rühren, bis sich dieser aufgelöst hat.

Die Weißbrotscheiben auf jeder Seite für 1 Minute in die Eier-Milch-Masse tauchen.

Die Pfirsiche vierteln, wenn gewünscht auch häuten, und mit Agavensirup beträufeln.

In einer Pfanne die Butter erhitzen und die eingeweichten Weißbrotscheiben hineingeben. Auf jeder Seite 2 Minuten auf kleiner Flamme goldbraun rösten.

Den restlichen Zucker in einen tiefen Teller geben und die gerösteten Scheiben Brioche im Zucker wenden.

Die süße Sahne aus dem Kühlschrank nehmen und steifschlagen. Dabei den Puderzucker nach und nach einarbeiten. Die geschlagene Sahne unter den Mascarpone heben.

Die gesüßten Pfirsichspalten auf dem gerösteten Brot mit der Mascarpone-Sahne anrichten und servieren.

Cranberrys sind verwandt mit unseren Heidelbeeren. Es gibt sie im Handel getrocknet oder im Glas. Der Amaretto gibt dem Ganzen einen besonderen Geschmack, doch auch Kirschwasser eignet sich gut dazu.

Brotpudding mit Salzbutter und Cranberrys

VORBEREITUNG: 25 MIN.

RUHEZEIT: 35 MIN.

ZUBEREITUNG: 35 MIN.

FÜR 6 PERSONEN

> 125 g getrocknete Cranberrys
> 3 EL brauner Rum
> 150 ml Milch
> 3 EL Amaretto
> 1 Päckchen Vanillezucker
> 80 g Butter mit Salzkörnern (s. S. 64)
> 1 Prise Zimt
> 2 Eier
> 70 g Rohrohrzucker
> 10 Scheiben altbackenes Toastbrot oder Kastenweißbrot

Backofen auf 180 °C vorheizen. Die Cranberrys in etwas warmem Wasser einweichen, danach abtropfen lassen. Den Rum in eine kleine Schüssel gießen, die Cranberrys 20 Minuten darin einlegen.

Die Milch mit Amaretto und Vanillezucker erhitzen. Die Butter und eine Prise Zimt dazugeben.

Die Eier in einen tiefen Teller aufschlagen und mit dem Zucker verquirlen. Anschließend die Mischung zusammen mit den Cranberrys in die Milch einrühren.

Eine mit Backpapier ausgekleidete, feuerfeste Form mit der Hälfte der Toastscheiben auslegen, ein Drittel der Eier-Milch-Masse darüber geben, das restliche Brot einschichten und anschließend ein weiteres Drittel der Eier-Milch-Masse aufgießen. Mit einer Schicht Cranberrys und dem letzten Drittel der Eier-Milch-Mischung abschließen. 15 Minuten bei Zimmertemperatur ruhen lassen. 30 Minuten im Ofen backen.

Der Rum kann hier problemlos durch Grand Marnier ersetzt werden, statt der kandierten Früchte geht auch frisches Obst oder die kandierten Stängel der Engelwurz.

Ofenschlupfer auf französische Art

VORBEREITUNG: 25 MIN.

ZUBEREITUNG: 45 MIN.

RUHEZEIT: 12 STD. 35 MIN.

FÜR 6 PERSONEN

> 75 g Rosinen
> 100 ml braunen Rum
> 75 g kandierte Früchte
> 1 Vanilleschote
> 500 ml Milch
> 1 Päckchen Vanillezucker
> 1 TL Zimtpulver
> 3 Eier
> 150 g Kristallzucker
> 10 Scheiben altbackenes Kastenweißbrot
> 50 g Süßrahmbutter

Den Backofen auf 180 °C vorheizen.

Die Rosinen in etwas heißem Wasser 5 Minuten quellen und anschließend abtropfen lassen. 20 Minuten mit der Hälfte des Rums in einer Schüssel einlegen. Die kandierten Früchte in sehr kleine Würfel schneiden und zusammen mit dem restlichen Rum in einer zweiten Schüssel 20 Minuten einweichen.

Die Vanilleschote der Länge nach aufschneiden. Die Milch in einem Topf aufkochen und die Vanilleschote mit dem Vanillezucker und dem Zimt einrühren. In einer Schüssel die Eier und den Zucker mit dem Handrührgerät schaumig rühren. Die heiße Milch nach und nach unter Rühren dazugeben.

Die Brotscheiben im Toaster anrösten, in Streifen schneiden und anschließend in eine gebutterte Kastenform schichten. Zwischen die Brotlagen die kandierten Früchte und die Rosinen streuen und jeweils eine Kelle von der Eier-Milch-Mischung darübergeben. Mit einer Lage Brot und der Eier-Milch-Masse abschließen.

15 Minuten bei Zimmertemperatur ruhen lassen. Dann 40 bis 45 Minuten im Ofen backen. Die Speise erkalten lassen und 12 Stunden in den Kühlschrank stellen. Am nächsten Tag zum Tee oder mit Erdbeermilch servieren.

Die Karamellsoße gibt diesem Dessert einen unwiderstehlichen Schmelz und ein himmlisches Aroma.

Englische Brotpudding-Törtchen mit Karamellbonbon-Soße

VORBEREITUNG: 25 MIN.

RUHEZEIT: 30 MIN. (15 + 15)

BACKZEIT: 25 BIS 30 MIN.

FÜR 4 BIS 6 PERSONEN

- > 125 g Korinthen
- > 3 EL Whisky (2 + 1)
- > 150 ml Milch
- > 1 Päckchen Vanillezucker
- > 80 g Butter mit groben Salzkristallen (s. S. 64)
- > 1 EL Vanilleextrakt
- > 1 Prise Zimt
- > 2 Eier
- > 70 g Rohrohrzucker
- > 10 Scheiben altbackenes Toastbrot oder Kastenweißbrot
- > 100 g Pekannüsse
- > 100 ml süße Sahne
- > 15 weiche Karamellbonbons (z.B. Storck)
- > 1 Prise Salz

Den Backofen auf 180 °C vorheizen. Die Korinthen in etwas heißem Wasser quellen und dann abtropfen lassen. 2 Esslöffel Whisky mit den Korinthen in eine Schüssel geben. Die Korinthen 10 bis 15 Minuten einweichen, danach abtropfen lassen.

Die Milch mit dem restlichen Esslöffel Whisky und dem Vanillezucker erhitzen. Die Butter, den Vanilleextrakt und das Zimtpulver dazugeben. Die Eier mit dem Zucker schaumig rühren und anschließend mit dem Schneebesen in die Milch einrühren.

Die Brotscheiben auf kleine, gebutterte, feuerfeste Förmchen verteilen und eine Schicht der Eier-Milch-Masse darübergeben. Die Korinthen einstreuen und den Vorgang wiederholen. Mit einer Lage Pekannüsse und dem Rest der Eier-Milch-Creme abschließen. 15 Minuten ruhen lassen. Anschließend 25 bis 30 Minuten im Ofen backen.

In der Zwischenzeit die süße Sahne in einem kleinen Topf erhitzen. In die heiße Sahne nacheinander die Karamellbonbons geben und rühren, bis diese geschmolzen sind. Die Karamellmasse sollte glatt und cremig sein. Sind die Törtchen gar, aus dem Ofen nehmen, mit der Karamellcreme überziehen und sofort servieren.

Hier ist das Rezept für eine komplette Mahlzeit für die ganze Familie aus einfachen, gut aufeinander abgestimmten und schmackhaften Zutaten.

Gefüllte Zucchini

VORBEREITUNG: 20 MIN.

BACKZEIT: 30 MIN.

FÜR 4 PERSONEN

- > 4 kugelförmige Zucchini (oder Rondini)
- > 150 g altbackenes Toastbrot
- > 150 ml Milch
- > 100 ml Olivenöl (50 ml + 50 ml)
- > 150 g geräucherter Speck in Würfeln
- > 1 gehackte Zwiebel
- > 400 g Bratwurstbrät
- > 1 Prise Kreuzkümmel
- > 1 Prise Curry
- > 1 Prise geräuchertes Paprikapulver (s. S. 64)
- > 200 ml Tomatenpüree
- > 70 g geriebener Parmesan
- > geriebener Gruyère (Greyerzer)
- > Salz und Pfeffer aus der Mühle

Den Backofen auf 200 °C vorheizen. Die Zucchini waschen und das Stielende abschneiden. Mit einem Kugelausstecher das Zucchinifleisch ausschaben und getrennt verwahren.

Das Brot zerbröseln und in der Milch einweichen.

Die Hälfte des Olivenöls in einer Pfanne erhitzen. Die Speckwürfel anbraten. Die gehackte Zwiebel und das grob gewürfelte Zucchinifleisch dazugeben und mitrösten. Das Brät zufügen und weiter braten. Kräftig rühren, bis sich alles zu einer homogenen Masse verbindet. Das eingeweichte Brot dazugeben und alles erneut gut rühren. Salzen, pfeffern und die Gewürze einstreuen: Kreuzkümmel, Curry und geräuchertes Paprikapulver.

Die Zucchini nebeneinander in eine passende Auflaufform legen, mit der Brätfarce füllen und das Tomatenpüree angießen. Mit geriebenem Parmesan bestreuen. 30 Minuten im Ofen backen. Kurz vor Ende der Backzeit den geriebenen Gruyère darüberstreuen und fertigbacken.

Tipp: Für eine goldgelbe Käsekruste zum Schluss die Grillfunktion des Backofens anstellen. Statt der Zucchini können auch Fleischtomaten verwendet werden.

Diese Vorspeise gehört in die feine Küche: Gänsestopfleber und erst recht Gänseleber von nicht gestopften Tieren findet man bei uns erst nach einigem Suchen. Versuchen Sie ruhig andere Geflügelleber und dazu Birnen!

Gebackene Feigenbrot-Schnitten mit Äpfeln und Gänseleber

VORBEREITUNG: 15 MIN.

ZUBEREITUNG: 10 MIN.

FÜR 4 PERSONEN

> 4 bis 8 Scheiben altbackenes Hefe-Feigenbrot, ca. 1 cm dick
> 2 Äpfel (Golden Delicious)
> 2 EL Olivenöl
> 60 g Butter (30 g + 30 g)
> 2 große Eier
> 150 ml weißer, edelsüßer Dessertwein (z.B. Sauternes)
> 4 EL Mehl
> 4 Scheiben Gänsestopfleber (oder Gänseleber, alternativ: Hähnchenleber)
> 1 Handvoll Radieschensprossen
> Salz und Pfeffer aus der Mühle

Die Feigenbrotscheiben im Toaster leicht anrösten. Die Äpfel schälen, das Kernhaus entfernen und in schmale Spalten schneiden. 1 Esslöffel Olivenöl mit 30 g Butter erhitzen. Die Apfelspalten darin goldgelb anbraten. Großzügig pfeffern.

Die Eier in einem tiefen Teller verquirlen, salzen, pfeffern und den weißen Dessertwein angießen. Mit der Gabel schaumig schlagen. Die Brotscheiben in die Mischung tauchen und 1 Minute auf jeder Seite einweichen.

Das restliche Olivenöl mit der übrigen Butter in einer zweiten Pfanne bei mittlerer Hitze heiß werden lassen. Die Brotscheiben 1 oder 2 Minuten von jeder Seite anbraten.

Die Scheiben der Gänseleber in Mehl wenden. Sind die Brotscheiben fertig, diese aus der Pfanne nehmen und die Gänseleber hineingeben. 1 oder 2 Minuten von jeder Seite anbraten.

Die gerösteten Feigenbrotscheiben, die gebratenen Apfelspalten und die Gänseleber auf Tellern anrichten. Pfeffern und mit Radieschensprossen bestreuen. Sofort servieren.

Die katalanische Spezialität *Pan con tomate* trifft den „Armen Ritter“. Ein ideales Häppchen für einen Tapas-Abend!

Knusprige Tomaten-Knoblauch-Brote

VORBEREITUNG: 10 MIN.

ZUBEREITUNG: 5 MIN.

FÜR 4 PERSONEN

> 4 bis 8 Scheiben altbackenes Weißbrot (helles Krustenbrot), 1 cm dick
> 1 Knoblauchzehe
> 2 große Eier
> 200 ml Weißwein
> 100 ml Tomatenpüree oder Tomatensaft
> 1 Stich Butter
> 150 g Manchego (span. Käse)
> 4 Scheiben Ibérico-Schinken (vom spanischen Ibérico-Schwein, luftgetrocknet)
> 1 Handvoll frische, junge Rauke
> Salz und Pfeffer aus der Mühle

Die Brotscheiben im Toaster leicht anrösten. Beide Seiten mit der Knoblauchzehe einreiben.

Die Eier in einen tiefen Teller aufschlagen, verquirlen, salzen, pfeffern, den Weißwein und das Tomatenpüree dazugeben. Mit der Gabel gut durcharbeiten. Die Brotscheiben in die Mischung legen und von jeder Seite 1 Minute einweichen.

Das Öl und die Butter in einer Pfanne auf mittlerer Flamme erhitzen. Die Brotscheiben 1 oder 2 Minuten von jeder Seite darin goldbraun rösten.

Die gebratenen Brotscheiben auf Tellern anrichten. Mit Käse und Ibérico-Schinken belegen. Mit junger Rauke garnieren. Olivenöl darüberträufeln. Sofort servieren.

Scamorza ähnelt ein wenig dem Mozzarella, ist jedoch fester und schmeckt rauchig. Die Pfifferlinge können auch durch Steinpilze oder Semmel-Stoppelpilze ersetzt werden.

Knusprige Brotschnitten mit Pfifferlingen und Scamorza

VORBEREITUNG: 15 MIN.

ZUBEREITUNG: 10 MIN.

FÜR 4 PERSONEN

> 4 altbackene Scheiben Graubrot, ca. 1 cm dick
> 2 große Eier
> 200 ml Milch
> 6 bis 8 Stängel glatter Petersilie
> 1 EL Olivenöl
> 30 g Butter (15 g + 15 g)
> 150 g Pfifferlinge
> 1 geräucherter Scamorza
> Salz und Bunter Pfeffer

Die Brotscheiben im Toaster leicht anrösten. Die Eier in einen tiefen Teller aufschlagen. Pfeffern und salzen. Die Milch angießen und mit der Gabel verquirlen. Die Petersilie fein hacken und die Hälfte in die Eier-Milch-Masse geben.

Das Olivenöl mit einem Stück Butter in einer Pfanne auf mittlerer Flamme erhitzen. Die Pfifferlinge mit der restlichen Petersilie 3 bis 4 Minuten braten. Salzen und pfeffern. Auf einem Teller vorhalten.

Jede Brotscheibe einzeln auf jeder Seite 1 Minute in der Eier-Milch-Mischung einweichen. Dann 2 Minuten von jeder Seite in der Pfanne in der restlichen Butter goldbraun rösten. Die Brotscheiben mit den Pfifferlingen vorhalten.

Den Scamorza in Scheiben schneiden und in der Pfanne braten. Sobald der Käse zu schmelzen beginnt, die Scheiben auf die gebackenen Brotschnitten legen und die Pfifferlinge darübergeben. Abschmecken und mit Petersilie bestreuen. Sofort servieren.

Hier ist die etwas andere Variante des Käsefondues, ohne Fonduetopf oder -brenner. Dieses Gericht ist ebenso köstlich, aber kinderleicht und schnell zuzubereiten!

Arme Ritter aus Baguette mit Käse

VORBEREITUNG: 10 MIN.

ZUBEREITUNG: 5 MIN.

FÜR 4 PERSONEN

> 1 altbackenes Baguette
> ½ Bund glatte Petersilie
> 2 große Eier
> 1 Glas Milch
> 1 Glas Weißwein
> 1 Prise gemahlene Muskatnuss
> 150 g geriebene Fonduekäsesorten (Abondance, Beaufort, Gruyère)
> 1 EL Olivenöl
> 1 Stich Butter
> Salz und Pfeffer aus der Mühle

Das altbackene Baguette in vier Teile teilen und diese der Länge halbieren. Im Toaster die Hälften leicht anrösten.

Die Hälfte der glatten Petersilie kleinhacken.

In einem tiefen Teller die Eier aufschlagen, verquirlen, salzen und pfeffern. Milch und Weißwein angießen. Mit der Gabel die Masse schaumig schlagen. Muskat und gehackte Petersilie dazugeben. Zuletzt den geriebenen Käse unterheben. Die Baguetteschnitten in die Mischung legen und 1 Minute lang von jeder Seite einweichen.

Das Olivenöl und die Butter in einer Pfanne auf mittlerer Flamme erhitzen. Die getränkten Baguetteschnitten einlegen und 1 oder 2 Minuten von jeder Seite goldbraun rösten. Darauf achten, dass der Käse nicht anbrennt.

Die gebratenen Baguetteschnitten mit der restlichen glatten Petersilie bestreuen und sofort servieren.

Voilà, das ideale Gericht für einen Sonntagabend! Als Beilage empfiehlt sich ein kleiner Salat aus jungen, zarten Spinatblättern.

Arme Ritter mit indischen Gewürzen und Koriander

VORBEREITUNG: 10 MIN.

ZUBEREITUNG: 5 MIN.

FÜR 4 PERSONEN

- 4 Scheiben altbackenes Toastbrot
- 2 große Eier
- 100 ml Kokosmilch
- 4 EL Milch
- 3 EL Wasser
- 3 Prisen Curry
- 1 Prise Ingwerpulver
- 6 Stängel frischer Koriander
- 1 EL Olivenöl
- 1 Stich Butter
- 50 g Pistazienkerne, geschält
- Salz und Bunter Pfeffer

Die Toastscheiben im Toaster leicht anrösten.

Die Eier in einen tiefen Teller aufschlagen, verquirlen, pfeffern und salzen. Die Kokosmilch, die Milch und das Wasser dazugeben. Mit einer Gabel durcharbeiten, dann den Curry und den Ingwer einrühren. Einen Teil der Korianderblätter fein schneiden und ebenfalls in die Mischung geben. Die Brotscheiben in die Eier-Milch-Mischung legen und von jeder Seite 1 Minute gut einweichen.

In einer Pfanne das Olivenöl und die Butter auf mittlerer Flamme erhitzen, die getränkten Brotschnitten hineinlegen und 2 Minuten von jeder Seite goldbraun braten.

Die Pistazienkerne mit einem Messer kleinhacken. Haben die Brotschnitten die richtige Farbe angenommen, auf Tellern anrichten und mit den gehackten Pistazienkernen bestreuen. Mit dem restlichen Koriander garnieren und sofort servieren.

Auberginen im Haus und keine Idee? Nachfolgend ein einfaches Rezept, mit dem sich sogar Kinder von diesem Gemüse überzeugen lassen.

Auberginen-Brot-Auflauf mit Tomatensoße

VORBEREITUNG: 30 MIN.

ZUBEREITUNG: 50 MIN.

FÜR 6 PERSONEN

> 600 g Auberginen
> 2 EL Olivenöl
> 1 Knoblauchzehe
> ½ Bund Basilikum
> 200 g älteres Graubrot
> 50 g Butter
> 200 ml süße Sahne
> 200 ml Milch
> 3 Eier
> 1 EL trockener Weißwein
> 1 Dose geschälte Kirschtomaten im eigenen Saft
> ½ Bund Oregano
> Salz und Pfeffer aus der Mühle

Den Backofen auf 180 °C vorheizen. Die Auberginen mit einem Sparschäler schälen und in große Würfel schneiden. Diese zusammen mit 1 Liter Wasser und Salz in eine Schüssel geben. 10 Minuten wässern, dann abtrocknen und trockentupfen. Mit einem gut bemessenen Esslöffel Olivenöl und der Knoblauchzehe ungefähr 10 Minuten in einer Schmorpfanne anbraten. Salzen, pfeffern und die Hälfte des gehackten Basilikums untermischen.

Das Brot in kleine Würfel schneiden (1 cm x 1 cm). In einer Pfanne die Butter erhitzen, die Brotwürfel hineingeben und goldbraun rösten, dabei salzen und pfeffern.

Die Sahne, die Knoblauchzehe aus der Schmorpfanne, die Milch, die Eier und den Weißwein in einen Mixer geben. Salzen und pfeffern und eine Minute lang mixen.

In eine große Auflaufform die Auberginen und die Brotwürfel schichten. Die Eiermischung darübergießen, sodass das Brot gut bedeckt ist. 40 Minuten im Backofen backen.

Inzwischen das Tomatenpüree mit dem Oregano, dem übrigen Basilikum, einem Esslöffel Olivenöl, Salz und Pfeffer heiß werden lassen. Das Gratin mit der Tomatensoße servieren.

Bei diesem Gericht kann der Parmesan auch durch alten, geriebenen Mimolette ersetzt werden.

Gebackene Parmesan-Schnitten mit Zwiebelkonfitüre

VORBEREITUNG: 20 MIN.

ZUBEREITUNG: 35 MIN.

FÜR 4 PERSONEN

> 500 g milde Zwiebeln
> 2 EL Olivenöl
> 80 g Vollrohrzucker
> 250 ml (1/4 l) Rotwein
> 2 Prisen Paprika
> 4 Scheiben Toastbrot oder italienisches Weizenbrot (Typ: *Pane pugliese*)
> 2 große Eier
> 1 Glas Milch
> 150 g geriebener Parmesan
> 2 Zweige frischer Thymian oder 1 g getrockneter Thymian
> 1 Prise süßer Piment
> 2 Prisen Knoblauchpulver
> 1 Prise geriebene Muskatnuss
> 1 Stich Butter
> Salz und Pfeffer aus der Mühle

Für die Zwiebelkonfitüre Zwiebeln in Ringe schneiden und in einer Pfanne mit einem Esslöffel Olivenöl glasig dünsten. Zucker, Rotwein und Salz dazugeben. Den Rotwein unter ständigem Rühren mit einem Holzlöffel vollständig reduzieren. Eine Prise Paprika einstreuen. Die Zwiebelkonfitüre in einer Schüssel vorhalten.

Die Brotscheiben im Toaster leicht anrösten.

In einem tiefen Teller die Eier aufschlagen und mit der Milch verquirlen. Salzen und pfeffern. In einem zweiten tiefen Teller den geriebenen Parmesan mit dem Thymian, einer Prise Paprika, süßem Piment, Knoblauchpulver und Muskatnuss mischen. Die Brotscheiben zuerst in der Eiermasse dann in der Käse-Gewürzmischung wenden.

Das Stück Butter mit dem restlichen Olivenöl in einer Pfanne bei mittlerer Hitze zerlassen. Die Brotscheiben 2 Minuten auf jeder Seite goldbraun rösten. Die Scheiben halbieren und auf die Teller verteilen. Einen Löffel Zwiebelkonfitüre darübergeben und sofort servieren.

Zum Abschluss ein typisches Gericht des Nordens! Das Bier kann durch Cidre oder durch einen leicht abgestandenen Champagnerrest ersetzt werden.

Warme Cheddar-Bier-Schnitten

VORBEREITUNG: 10 MIN.

ZUBEREITUNG: 5 BIS 8 MIN.

FÜR 4 PERSONEN

> 4 große Scheiben altbackenes Bauernbrot
> 200 ml dunkles Bier
> 350 g + 4 EL geriebenen Cheddar
> 2 TL Worcestersauce
> 2 TL traditioneller (scharfer) Englischer Senf oder normaler Tafelsenf
> 4 Scheiben gekochter Schinken
> 4 EL geriebener Comté
> Salz und Pfeffer aus der Mühle

Den Backofen auf 210 °C vorheizen. Die Brotscheiben im Toaster leicht anrösten.

In einem Topf das Bier erhitzen und 350 g Cheddar allmählich in kleinen Mengen einrühren, bis er geschmolzen ist und die Konsistenz der Mischung cremig wird. Salzen und pfeffern.

Die Worcestersauce und den Englischen Senf hinzugeben und gut verrühren.

Die gerösteten Brotscheiben in kleine, feuerfeste Formen legen und mit gekochtem Schinken bedecken. Die Bier-Käse-Mischung darübergießen. Mit dem restlichen geriebenen Cheddar und dem geriebenen Comté bestreuen. 5 Minuten im Ofen überbacken.

Die Auflaufformen aus dem Ofen nehmen sofort servieren. Dazu passt grüner Salat als Beilage.

Besondere Zutaten

Butter mit Salzkörnern: Butter mit Salzkörnern gibt es in Deutschland oft unter dem Namen „Meersalzbutter" etwa von „Le Président". Natürlich kann man auch ein Stück Butter bei Zimmertemperatur weich werden lassen und mit dem Rührgerät nach Geschmack grobes Salz unterrühren.

Englische Creme oder Crème anglaise ist eine Grundzutat der französischen Küche und entspricht ungefähr unserer echten Vanillesoße; Zutaten: 6 Eigelb, 100 g Zucker, ½ l Milch, ½ Vanilleschote.
Die Eier sorgfältig trennen und die Eigelbe in eine Schüssel geben. Den Zucker langsam einrühren. Die Vanilleschote aufschlitzen und das Mark sowie die Schote in der Milch aufkochen. Die Vanillemilch etwas abkühlen lassen und unter Rühren zur Eiercreme geben. Die Mischung im Wasserbad erhitzen, bis sie langsam dicker wird. Nicht kochen lassen! Eventuell durch ein feines Sieb geben.

Geräuchertes Paprikapulver ist unter dem Namen „Pimenton de la Vera" und anderen Namen erhältlich, bei Rewe z.B. in der Produktreihe „feine Welt" als Iberico-Paprika.

Krokant ist eine Mischung aus gehackten Haselnüssen und Mandeln, die in der Pfanne mit Zucker karamellisiert werden; man kann fertigen Krokant im Supermarkt bei den Backzutaten finden oder ihn selbst herstellen: Man braucht Haselnüsse, Mandeln und Zucker zu gleichen Gewichtsanteilen. Die Haselnüsse und die Mandeln grob hacken und in einer Pfanne ohne Fett leicht anrösten. In einer weiteren Pfanne den Zucker leicht karamellisieren lassen (eventuell mit paar Tropfen Wasser), dann die Nüsse und Mandeln hinzugeben und alles zusammen etwa 5 Minuten unter ständigem Rühren karamellisieren.

Quatre-Épices oder Viergewürz gibt es in Feinkost- oder Gewürzläden, aber auch bei großen Internetversendern (z. B. Amazon). Zur Herstellung von Quatre-Épices werden etwa acht Teile Pfeffer, ein Teil Ingwer (oder Zimt) und ein Teil Nelken trocken angeröstet, zwei Teile geriebene Muskatnuss hinzugegeben und alles fein gemahlen. Man kann das Gewürz auch gut durch gemahlenen Piment (im Gewürzregal im Supermarkt) ersetzen.

Rohrohrzucker sieht leicht bräunlich aus, weil zwar in einem ersten Schritt die dunkle Melasse abgetrennt wurde, der Zucker jedoch nicht weiter raffiniert wurde.

Vollrohrzucker ist der pure Saft des Zuckerrohrs, getrocknet und gemahlen. Er hat daher keine Kristalle, sondern eine pulverartige Konsistenz.

VERLAGSGRUPPE PATMOS

PATMOS
ESCHBACH
GRÜNEWALD
THORBECKE
SCHWABEN

Die Verlagsgruppe
mit Sinn für das Leben

MIX
Papier aus verantwortungsvollen Quellen
FSC® C028513
FSC
www.fsc.org

Für die Schwabenverlag AG ist Nachhaltigkeit ein wichtiger Maßstab ihres Handelns. Wir achten daher auf den Einsatz umweltschonender Ressourcen und Materialien. Dieses Buch wurde auf FSC®-zertifiziertem Papier gedruckt. FSC (Forest Stewardship Council®) ist eine nicht staatliche, gemeinnützige Organisation, die sich für eine ökologische und sozial verantwortliche Nutzung der Wälder unserer Erde einsetzt.

www.thorbecke.de

aus dem Französischen übersetzt von Christine Frauendorf-Mössel

Umschlaggestaltung: Finken & Bumiller, Stuttgart
Umschlagabbildung sowie sämtliche Fotos im Innenteil: Nathalie Carnet
Druck: Süddeutsche Verlagsgesellschaft, Ulm
Hergestellt in Deutschland
ISBN 978-3-7995-0435-5